-cuentos folclóricos-

JOHN HENRY

por Christine Platt   ilustrado por Evelt Yanait

Sobre la autora

Christine A. Platt es una autora y académica de la historia africana y afroamericana. Una querida narradora de la diáspora africana, Christine disfruta de escribir ficción histórica y no ficción para lectores de todas las edades. Se puede aprender más acerca de ella y su trabajo en www.christineaplatt.com.

Para los narradores que capturan y preservan historias–¡gracias! —CP

Para Elann y Bel, con amor eterno. —EY

abdobooks.com

Published by Magic Wagon, a division of ABDO, PO Box 398166, Minneapolis, Minnesota 55439. Copyright © 2023 by Abdo Consulting Group, Inc. International copyrights reserved in all countries. No part of this book may be reproduced in any form without written permission from the publisher. Calico Kid™ is a trademark and logo of Magic Wagon.

Printed in the United States of America, North Mankato, Minnesota.
102022
012023

THIS BOOK CONTAINS RECYCLED MATERIALS

Written by Christine Platt
Translated by Brook Helen Thompson
Illustrated by Evelt Yanait
Edited by Tyler Gieseke
Art Directed by Candice Keimig
Translation Design by Pakou Moua

Library of Congress Control Number: 2022940246

Publisher's Cataloging-in-Publication Data

Names: Platt, Christine, author. | Yanait, Evelt, illustrator.
Title: John Henry / by Christine Platt : illustrated by Evelt Yanait
Other title: John Henry. Spanish
Description: Minneapolis, Minnesota : Magic Wagon, 2023 | Series: Cuentos folclóricos
Summary: John Henry is the strongest, fastest hammerman working on the railroads in the years after the American Civil War. One day, a salesman comes by with a machine he says can drill faster than any man. John is determined to prove no fancy device can beat him!
Identifiers: ISBN 9781098235406 (lib. bdg.) | ISBN 9781098235680 (ebook)
Subjects: LCSH: Folk literature, American--Juvenile fiction. | Railroad construction workers--Juvenile fiction. | Steam-engines--Juvenile fiction. | Strong men--Juvenile fiction. | Folktales--Juvenile fiction. | Spanish language materials--Juvenile fiction.
Classification: DDC 398.2--dc23

Tabla de contenido

Capítulo #1
NACE UNA LEYENDA
4

Capítulo #2
MONTAÑA BIG BEND
10

Capítulo #3
HOMBRE VS. MÁQUINA
18

Capítulo #4
LAS LEYENDAS VIVEN PARA SIEMPRE
26

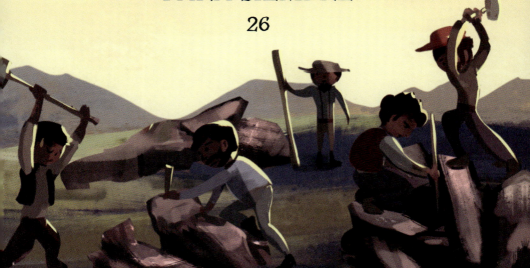

Capítulo #1
NACE UNA LEYENDA

Nadie está seguro de si John Henry nació en la década de 1840 o 1850. La gente tampoco está segura de si nació en Virginia o Carolina del Norte. Pero casi todos están de acuerdo en que John creció para ser un hombre muy fuerte. Al final, se convirtió en una leyenda.

Cuando John nació, la esclavitud era legal en los estados del sur de los Estados Unidos. John era negro, y como muchos negros nacidos en el sur en ese momento, nació esclavo. Las personas esclavizadas tenían que hacer cualquier trabajo que sus dueños les ordenaran, y no les pagaban.

Fue una vida muy triste y difícil. John probablemente pasó gran parte de su infancia trabajando muy duro.

Muchos estados del norte no estaban de acuerdo con el uso de personas esclavizadas para el trabajo gratuito. En abril de 1861, el Norte y el Sur fueron a la batalla por la esclavitud. La Guerra Civil fue la guerra más larga jamás librada en los Estados Unidos.

Cuando el Norte derrotó al Sur en 1865, ¡John se convirtió en un hombre libre!

Y qué hombre era.

—¡John Henry medía más de seis pies de altura! —recordó la gente—. ¡Era un gigante!

Otros dijeron:

—¡A nadie le encantaba comer más que a John!

—Tenía una voz hermosa —recordaron muchos—. No había nada como escuchar a John cantar y tocar el banjo para sus amigos.

Pero John se convirtió en una leyenda por otra cosa: su ética de trabajo. ¡A John Henry le encantaba trabajar duro!

Capítulo #2
MONTAÑA BIG BEND

Después de la Guerra Civil, muchas personas anteriormente esclavizadas necesitaban trabajo. Trabajaron para ayudar al país después de la guerra.

John Henry decidió trabajar para la empresa de ferrocarriles C&O Railroad. Junto a más de 1,000 hombres, John pasó sus días construyendo vías de tren, desde Virginia hasta Ohio.

Instalar vías de ferrocarril no fue fácil. Llueva o truene, los hombres quitaron rocas y maleza para que hubiera un camino para las vías. Otros, como John, trabajaban como martilladores de acero.

Los martilladores de acero también eran conocidos como ferroviarios. Pasaron horas perforando agujeros en las rocas clavando picos de acero en ellas con martillos. ¡El martillo de John pesaba 14 libras! Después de cada golpe, el compañero de John giró el pico en el agujero.

Como John era alto, fuerte, y trabajador, era muy bueno en su trabajo. La leyenda dice que John era el ferroviario más fuerte. También era el más rápido. Cuando vio a otros ferroviarios que necesitaban ayuda, John a menudo hacía su trabajo también.

—¡Gracias, John! —bramaban los otros hombres.

—Un hombre no es nada más que un hombre —diría John con una sonrisa—. Solo tiene que hacer lo mejor que pueda.

Las cosas fueron bien hasta que John y su equipo llegaron a Montaña Big Bend en Virginia del Oeste. La montaña era tan grande que el ferrocarril no podía rodearla. Los hombres no tuvieron más remedio que hacer lo que C&O Railroad les pidió: ¡martillear a través de la montaña!

Capítulo #3
HOMBRE VS. MÁQUINA

¿Puedes imaginar cavar un agujero en una montaña con solo un pico de acero y un martillo? Fue un trabajo muy difícil.

Martillear a través de Montaña Big Bend fue tan difícil que algunos trabajadores ferroviarios se desmayaron por el esfuerzo. ¡Pero no John Henry! Pasó muchas horas siendo el ferroviario más fuerte y rápido martilleando el túnel.

Según la leyenda, un vendedor llegó al equipo un día en Montaña Big Bend. Martillear a través de la montaña con solo picos de acero estaba retrasando el progreso del ferrocarril. El vendedor prometió a los gerentes de C&O que tenía una solución.

—Esperen a ver esto —dijo el vendedor mientras mostraba su invento con orgullo—. Mi máquina de vapor puede martillear agujeros más rápido que cualquier hombre.

El vendedor seguía fanfarroneando. Y cuanto más fanfarroneaba, más molesto se volvía John.

—¡No hay manera de que esa máquina pueda vencerme! —A John realmente no le gustaba la idea de una máquina haciendo el trabajo de los ferroviarios.

Los gerentes de C&O Railroad decidieron hacer un concurso. Si la máquina de vapor podía martillear un agujero más lejos y más rápido que John, le prometieron al vendedor que la comprarían.

El día de la carrera, el vendedor instaló su martillo de vapor.

John alzó su martillo.

—¿Preparados? ¿Listos? ¡Ya!

Durante horas, John hizo la carrera contra la máquina, martilleando tan fuerte y tan rápido como pudo. Al desvanecerse el sol, la carrera había terminado. ¿Y adivina quién ganó? ¡John Henry!

Capítulo #4
LAS LEYENDAS VIVEN PARA SIEMPRE

Los otros ferroviarios celebraron la increíble victoria de John. Pero su alegría no duró mucho.

Lamentablemente, poco después de terminar la carrera, John Henry cayó enfermo y murió. Mucha gente cree que trabajó tan duro para vencer a la máquina, que la carrera lo mató. Nadie estaba más triste que su esposa, Polly Ann. Aquellos que la conocían bien dijeron que la esposa y el hijo de John apenas volvieron a sonreír después de su muerte.

Aunque John falleció, fue un héroe para los trabajadores ferroviarios. Sacrificó su vida para demostrar que los hombres eran más fuertes que el mejor invento.

Para honrar a John, los ferroviarios solían cantar sobre él mientras trabajaban. John Henry sigue siendo un símbolo de gran fuerza y determinación en el folclore.

GREAT BEND TUNNEL

JOHN HENRY

El capitán le dijo a John Henry:

—Voy a traer ese martillo de vapor.

Voy a traer ese martillo de vapor al trabajo.

Voy a golpear ese acero hacia abajo, abajo, abajo.

Golpear ese acero hacia abajo.

John Henry le dijo a su capitán:
—Un hombre no es nada más que un hombre,
Pero antes de dejar que tu martillo de vapor me venciera,
Moriría con un martillo en mi mano, Señor, Señor.
Moriría con un martillo en mi mano

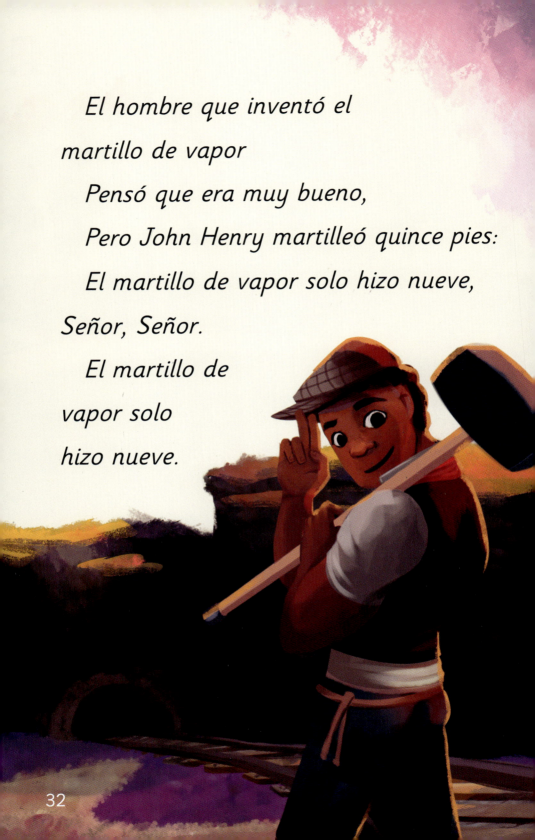

El hombre que inventó el martillo de vapor
Pensó que era muy bueno,
Pero John Henry martilleó quince pies:
El martillo de vapor solo hizo nueve,
Señor, Señor.
El martillo de vapor solo hizo nueve.